Handbok För Hopplösa

Karin Hillqvist

Handbok För Hopplösa

Reflektioner ur ett lång och skiftande liv

Illustration: **Karin Hillqvist**

Förlag: BoD – Books on Demand, Stockholm, Sverige

Tryck: BoD – Books on Demand, Norderstedt, Tyskland

ISBN:9789176992609

ATT INTE ÄGA
ORDET

Krrp

Krrp

Krrp

piäh

TROTS ALLT

Jag hade tigit så länge
att orden kändes som
förslutna syltburkar
i möjligheternas skafferi

Så utslätad och konturlös
i påtvingad tystnad
blev orden förnedrade
och dragna i smutsen

Men då av förtvivlans tårar
upplöstes rädslan och de
förut fångna orden
började strömma fritt

Varje kväll när intrycken
samlats under ögonlocken
befriade jag orden
jag inte vågat utsätta
för dagsljusets skärpa

Så älskar jag nu ordet
som en mor älskar
sitt barn som
förlösts i smärta

FLYGFÄRDIG

Jag bygger ett rede
där mina ord kan bo
som fötts
under en vinge

Men i gryningen
står de där på rad
som rädda
fågelungar

På redets rand
måste de flyga
eller falla
och jag kan bara
se på och hoppas

ATT SYNAS

Från ensamma
tankars vrå
ibland jag ställer ut
varsamheten
som jag hoppas på
i ord, färger och beslut

Varsam är dock
ej kritiken
likgiltigheten
gör mig rädd
inget gör mig mer
besviken
än att inte alls bli sedd

VID HAVET

När tankar tynger
och frågor
väntar på svar
talar jag med havet

Sanden silar svaren
som kommer
i dyningar
i samklang
med mina hjärtslag

Ligger renspolade
och klara
att plockas
bland rosafärgade
snäckor

POESI

Poesi är att sålla
välja vraka och behålla
de få orden som bär
mot allt det som inte är

ORDETS MAKT

Du har alldeles
för många ord
Jag söker meningen
och innehållet
men de slå
som ett slagregn
mot torkande jord
orden rinner bort
och försvinner

De borde ligga kvar
som glittrande dagg
så gräset kunde
samla dess
svalkande mening
Människor lyssna
ordet förstå och
tankar växa
i vida förgrening

I DENNA TID

Det har blivit så svårt att höras
i de höga decibellernas tid

Det har blivit så svårt att se
i denna illustrerade tid

Det har blivit så svårt att mötas
I kommunikationens tid

Det har blivit ett torftigt liv
i denna tid av överflöd

ATT INTE ÄGA FRÅGAN

Domherrarna sitter i sammanträdet

PÅ KONTOR

Jag tillhör kontorskarriären
Ja jag sitter på kontor
men det där med karriär
har jag aldrig förstått

Jag sorterar människoöden
I pappershögen
Skriver brev och protokoll
med givet innehåll
och inte ens enligt uppdrag

Skriver formuleringar
och värderingar
som inte är mina
Det enda som är mitt
är val av teckensnitt

Men jag sitter kvar på min stol
och förråder mina idèer
och mitt modersmål
mellan åtta och fem
för avtalsenlig lön

EN KUGGE I HJULET

Visst är det byråkrati
när alla vi
blir en kugge i
ett stort maskineri

När Taylers teori i
tjänstemännens hierarki
blir tillämpningsbar
har alla samma svar

I våra celler
vi gör vår plikt och
upphöjer bagateller
till ärenden av vikt

Vi sitter långt
Ifrån besluten
och ambitionen
styrs av flex minuten

Likgiltigheten ler
och inga ögon ser
Vi bara registrerar
och ingen reagerar
när innan dagens slut
förnuftet stämplat ut

Men när arbetsdagen
väl är slut
vi lättar på kragen
och andas ut
Sen tar vi av
våra trånga skor
och dansar runt
med lillebror

För också vi
ett ansvar har
för den fria tanken
och förnuftiga svar
Och det var ju
ändå för väl
att också byråkrater
har en själ

ATT INTE ÄGA MAKTEN

VAR GOD DRÖJ

Det behövs minst tre
generationer kvinnor
för att nå den position
mannen just passerat

STYRKA OCH SVAGHET

Alla dessa starka män
som SJÖSÄTTER en plan
som ROR iland en affär
och PLÖJER ner en miljon
som YXAR till ett svar
som BOLLAR över en fråga
och KASTAR ut en idé
som SKJUTER upp ett beslut
och LYFTER en ansenlig lön

Alla dessa svaga kvinnor
Som STRYKER över ett misstag
Som PRESSAR in ett förslag
och SYR ihop en kompromiss
som SOPAR undan alla hinder
och PLOCKAR upp lösningar
som SKAKAR om rutiner
och själv DUKAR under
men till slut KOKAR över

FÖRSPILDA TANKAR

Alla dessa kvinnotankar
som drunknar i disken och
försvinner med matoset
i köksfläkten eller tappas bort
mellan konsumbutiken
och tre trappor upp utan hiss

Alla dessa kvinnotankar
som aldrig når sin mening
utan smulas ner i en
plommonpaj eller tunnas ut
i välling och vanmakt

Alla dessa kvinnotankar
som upplöses i barnens
lek med såpbubblor
eller krossas under
männens välfyllda portföljer

Vad kunde inte skapats
av förnuftet i tanken
som känner problemen
och varje dag uppfinner
nödvändiga lösningar

TID

Kvinnors tid
är som ett träd
med rotsystemet
i myllan
och grenar som
strävar mot himlen
i ett oändligt nätverk

Männens tid
är som en hiss
i ett höghus
som åker
upp och ner
under full kontroll
utan minsta avvikelse

Den mätbara tiden
belönas
Den gränslösa förblir
olönsam

REGLER

Vi gjorde allting rätt
vi lärde oss spelreglerna
vi följde spelplanen
och kom upp jämsides
Men då blev allting fel

Vi fick se på medan
männen ändrade
reglerna och upprättade
en helt ny spelplan
Så nu är allting rätt

Männen spelar sitt spel
följer sina regler
och sin nya spelplan
Ordningen återställd

PÅ BÄNKEN

Kvinnor på avbytarbänk
I halvtid, deltid utanför speltid
medan männen passar till varann
gör mål och visar vad de kan
sitter vi på reserven
och får inte vara med
fast vi har resurser
och mycket att ge

Men laget är intakt
raska gossar täcker upp
med muskler och makt
Men det blir luckor i laget
pojkarna börjar tappa taget
Spelglädjen är borta
och laget kommer till korta

Här sitter vi på reserven och ser
hur spelet hårdnar mer och mer
Snart kommer de justerade förstås
för att få plåster och tröst hos oss

Men planen är ju inte vår
nu reser vi oss och går

ÅTTONDE MARS

Inte är det mycket
som hänt här
i bästa fall blir vi
assistenter

Men går det galet
är det ingen som kör
då skickar man fram
en kvinnlig informatör

Lika utbildning kan
inte räcka
det gäller att
portkoden knäcka

Kommer vi bara in
klarar vi krisen
vi kan ju mer
än stå vid spisen

FÖRSENING

Det är svårt att vara kvinna
att vakna sent och finna
att alla tåg har gått
och efter alla dessa dagar
ej ens förmått
samla medel till en färdbiljett

Ensam på perrongen
i värderingarna fången
Utan resmål utan mening
hela livet en lång försening
Erfarenheten i din kappsäck lagt
tyngder av självförakt

Men trösta dig du kvinna
det var omöjligt att hinna
vara maka huld
med nybakt bröd
älskarinna med nytänd glöd
Mor som tröstar och klarar matten
arbetare i produktionen
och aktiv i samhällsdebatten

Visst är det svårt att vara kvinna
att vilja resa med men aldrig hinna

AVGRÄNSAT

Det finns en
onaturlig gräns
som kallas
formell kompetens

Där registreras
det du kan och vet
på stämpeln
står behörighet

Men kunskaper
du fått av livet
om det finns
inget skrivet

MAKTLÖSHET

I alla tider har kvinnor
bekämpat sin maktlöshet
sin vrede och sin sorg
genom arbete

Så många golv
har sopats i vrede
och skurats rena
av sorg

Så gör kvinnor
en tillvaro utan makt
skinande ren

OLIKA ROLLER

Vad gjorde kvinnorna
när männen
skrev historia

De var fullt upptagna
med att städa upp
efter denna
ärorika historia

SERVICE

Har jag någon
skjorta ren
Viktig konferens
med middag sen
och dans

Har jag någon
utskrift klar
förfrågan fordrar
snarast svar
med kopia
till envar

Har jag inga jeans
som är rena
jag kan inte gå bar
om bena
Jag behöver dom
medsamma
Du är bussig
mamma

Jag är kvinna
och jag kan
det här med
service
ja minsann

PÅ CENTRALEN

Medelålders man
med samhällsansvar
beställer bara
en råbiff och en klar
Läser DN utan
upprördhet
tillhör dem
som redan vet

Medelålders man
med biljett första klass
inte kan han resa med
och dela dass
med de som föreställer
kurvorna i
hans tabeller

Medelålders man
med skyddszon
mot vanligt folk
och andra hot
håller avståndet intakt
trygg bak alla
ord av makt

Melålders man
med samhällsansvar
betalar notan
och är klar
att börja sin
sammanträdesdag
oberörd av verklighetens
vinddrag

TÅG och TANKAR

Det blåser en snål vind
och jag sitter kvar
i bilen
inväntar tåget
tjugotvå och trettionio

Försenad ankomst
mina år med dina
har inneburit
väntan
timmar och tankar

Men från dina resor
till beslutande bord
och möjligheters
möten
du återvänder

Står på perrongen
med fladdrande rock
och tung portfölj
med framtiden
i A-4 format

Du talar om
ditt rika liv
och berättar
om möten med
maktens människor

Du öppnar dörren
till betydelsen
och ger innehåll
åt min grå vardag
så att jag orkar

Klara vardagen
med tvätt
disk och dam
ansvar och
engagemang

Vaknätter av oro
och ensamhet
och mina
halvfärdiga dukar
bak sovrumsdörren

Samma dagar som dina
lever jag mitt liv
som du borde
veta mera om
för att kunna förstå

Jag borde berätta
om att sitta i högst F5
ansvara för
hus och hem
och stå i konsumkön

Om glädje och sorg
och barnens frågor
hur mina egna
tankar går som
en skyttel i väven

Jag vill berätta för dej
om mitt liv
och vill börja med
denna väntans
tålmodiga tankar

Det blåser fortfarande
en kall vind
men nu kommer tåget
jag skyndar dig till mötes
och säger..........hej

ATT INTE ÄGA HOPPET

MÄKTIG MAN

Mäktig man
allmänt aktad
talar om
mänskliga rättigheter
Alla lyssnar
till ett engagerat
anförande
Någon tar
mäktig man
i hand och tackar
för de betydelsefulla
orden

Mäktig man
kommer hem
finner kvinna
som vill återgå
i arbetslivet
Sådant oförstånd
måste stävjas
handgripligt
med örfilar
och sparkar
i mellangärdet

Med igenmurade
ögon och
blåmärke på
på överarmarna
kan hon ändå
inte visa sig
på en arbetsplats

Mäktig man
måste ju se till
att hans service
fungerar
i annat fall
skulle han ju inte
orka med att
åka runt i landet
och tala om
mänskliga rättigheter

Och det vore ju synd
för det här med
mänskliga rättigheter
är ju viktigt
för människor

GODA GRANNAR

Öppnar dörren på glänt
låtsas som om inget hänt
tar en tröja ovanpå
för att ingen ska förstå

Men leendet blir lite snett
på frågan vad som skett
det var jag som föll i hallen
bara snubblade på pallen

Det var detta som ni hörde
hoppas att vi inte störde
Det är bara bra
allt är som det ska

VARA SNÄLL

Jag blir så arg
på att jämt vara snäll
som självutplånande
delar säng
med förtryckaren
och blir tigande
medbrottsling

Då kärleken får
blåmärken
på bara skinnet
och i själen
och förnekelsen
blir rädslans
strategi

De små
herrarna
förvandlar hemmet
till en otrygg borg
medan de stora
härskarna förtrycker
folk och åsikter

Alltför länge
har vi stöttat
en galen maktvärld
med våra dammtrasor
polerat fasaderna
hållit ställningarna
och varit snälla

En värld
där hjälterollerna
lätt blir besatta
men vi har ingen
användning
för hjältarna och
deras sömnbesvär

De stjäl den
kvinnokraft
vi behöver för att
förändra en värld
som våldtar
människovärdet
och förbrukar miljön

Vi behöver ersätta
snällheten med
kreativ ilska
sluta skydda de
hariga herrarna
och möta de mjuka
modiga männen

Sluta var snälla
börja bekämpa
förtryckarna som
alltför länge
härskat för att vi
följt föreskrifterna
varit tysta och snälla

ATT INTE ÄGA
MEN VÄRNA

KONTROLL

När framsteg blott är möjligt
med kontroll och
avancerad övervakning
oantastligt obegriplig
blir gångstigarna asfalterade
och framstegsmänniskans
gröna gräsmattor
kan beträdas
endast på egen risk

När livet blott är möjligt
med matematisk beräkning
inom ramen för
kontrollsystemet och
säkerheten kan ifrågasättas
vid djupa andetag

Då är ett garanterat
gränsvärdesliv
ett torftigt liv

PRISET

Människor aldrig större
rädsla haft
sedan vi förlitat oss
på kärnkraft
När återställandet
belastar skatten
vad är då realpris
på kilowatten

När framtida men ej täcks
av försäkringen
vem är då beredd
betala räkningen
Vi borde lära oss
att räkna rätt
och inte bara lita på
en jodtablett

AVFÖRD

Enögda experter med
empiriska tal
upphöjer den
ensidiga sanningen

Detaljstyrda byråkrater
med sakkunskap
upprätthåller den
ordnade obalansen

Rädda beslutsfattare
utan helhetssyn
befäster det blinda
beroendet

Redovisad verklighet
utan rösträtt
blir avförd till en
vilande utredning

MEDAN

Medan havet dör
sammanställer vi sakligt
garanterat godtagbara
gränsvärden
men synfältet är redan
begränsat av
vällevnadsvinsternas
höga staplar

Medan skogen dör
bär vi pappersprodukten
i våra informationstyngda
portföljer
och sammanträder
stadgeenligt
men ställer förnuftets
grusiga skor i tamburen

Medan jorden dör
botar vi med bantning
vår övergödda
överproduktion
Medan vi avverkar livet
märker vi inte
hur kalhyggena breder
ut sig i våra hjärtan

LIVSVIKTIG LÄRDOM

Vi lär oss trafikreglerna
för att inte bli överkörda
vi vill bli sedda och hörda

Lär vi oss naturens lagar
när vi aningslöst klagar
då vår överlevnad hotas

RÄKNINGEN

Barn slå ut rutor
föräldrar betalar

Föräldrar slår ut
naturen
barnen får betala

GRIFTETAL

Herr Skog sa till fru Sjö
När vi nu båda håller på att dö
och tänker på den
stundande hädanfärden
En sista önskan till eftervärlden
blir blott en enda mening
STÖD NATURENS
MÄNNISKOSKYDDSFÖRENING

47

SUMMAN

Om soporna
är summan
av ditt hela liv
i välfärdsperspektiv

Och innehållet
enbart sett som
tillväxtargument
bevisat i BNP-procent

Blir då meningen
med livet
redovisat rätt
med detta räknesätt

INGEN PANT

Du samlar
tomma ting
och jagar tiden
för att hinna
Men stanna upp
se dig omkring
ditt enda liv
kan du inte
återvinna

Du får inte
ens en pant
för det tomma
skalet
Det enda som
är intressant
är innehållet
som du ger
fodralet

EN BÖN

Anslut till den nya religionen
reklamen står för missionen
Köp och höj BNP-talen
besök Konsumtionskatedralen

Tillbed dina finansprofeter
och låna till nya möjligheter
Skulle marknaden bli galen
be en bön i Konsumtionskatedralen

löpande band

KONSUMTION

Konsumera mera
överproduktion kräver
hejdlös konsumtion
Villigt tjänar vi profiten
när vi köper skiten

Sen finns inget över
till det vi behöver
Vi behöver ren luft
och rena vatten
tid för tankar
sömn om natten

Vi tilldelas valfrihet
men vad vi vet
är friheten att välja
svårare än att sälja
konsumenten ska sålla
vad är värt att behålla

Frihet

Den frihet som
har taggtråd
mot de frihetslösa
framstår
som befriande
så länge man
befinner sig
på rätt sida

BISTÅND

De överutvecklade
länderna bistår
de underutvecklade
så att de också
kan utveckla tillväxtens
vinstgivande
biverkningar

ATT INTE ÄGA
MEN ÄLSKA

ÄGER DU

Tror du att du äger jorden
där din gröda gror
Det är bara som du tror

Tror du att du äger huset
där du bor
Det är bara som du tror

Tror du att du äger barnet
för att du är mor
Det är bara som du tror

Vinden blåser över jorden
inte äger du väl den

Solen lyser över huset
inte äger du väl ljuset

Barnets ögon lyser klara
Äger du – nej älskar bara

DELAKTIG

I klippornas kraftfält
Ingår den envisa eken
Viljan växer i dess stam
och fantasin bor i dess krona

En varm sommarvind
går som en viskning
genom guldfärgat gräs
och solvärmen lagras i graniten

Barfota på klipporna
blir jag delaktig
antar en växande utmaning
frigör tanken och fantasin

Behåller dock balansen
tryggt rotad som eken

HUSET PÅ HÖJDEN

Den låga längan
vaknar och ser
 i sina gavelfönster
soluppgångens guld
rinna ut i Hanöbuktens
blå horisont

Hela längan samlar
vårsolen och
behåller värmen länge
utmed husgrunden
där krokusen flaggar
i gult och blått

Huset med homejan
signalerar till svalorna
med ryggraka stockrosor
vid öppet köksfönster
där flugnätet svalkar
och silar sommaren

Korsvirkeslängan står
orubbligt stadigt
i höstens snålvind
med sitt kärnvirke
och sina lerhalmsväggar
som andas tidlöst

Den låga längan hukar
i sin vita vintervila
drar täcket över
kantiga konturer
och blir en del av
det vita vinterlandet

Huset på höjden överlever
med sitt regelverk
i samklang med naturen
och med generationers
inbyggda klokhet

VANDRA I FJÄLLEN

I fjällvärlden
får själen syre
ur landskapets
styrka och skönhet
och vandringsledernas
stillhet balanserar
varje andetag

Jag blir rörd
av daggkåpans
tårfyllda blick
och fjällviolens
leende bevarar
jag djupt inne
i mitt hjärta

SOLLJUS

Himlen hänger sina
ljusblå lakan
i trädstammarnas
mellanrumsformer

Medan solljuset
I trädens kronor
rinner som sirap
ner på stigen där jag går

JUNIKVÄLL

En svängande blå dörr på glänt
ut mot ljumma junikvällen
Lila lupiner har ljusen tänt
ut mot ängarnas smultronställen

Lätta dimmors slöjor gömmer dagen
lägger sig likt lockar som rinner
ut över dunkelgröna kragen
där ljungen fladdrar och brinner

KÄRLEKSFÖRKLARING TILL ÖSTERLEN

Landskapets linjer ligger lugna
och ramar in solgula vetefält
mot havets blå horisont
obruten harmoni
färg form och fruktbarhet

Husen i lersten överlever
och skönheten är en svartvit ko
på Brösarps backar
avtecknad mot hela himlen

Sitter bland starrgräs
och betraktar igenkännande
mina barndomsbilder
som sorglöst fladdrar
likt kulört tvätt
mot vitkalkad gavel

Vilar bland strandråg
och sandnejlikor
ser havet rakt i ögonen
följer vågornas tidlösa rörelse
seglar ut och kommer hem

Härifrån utgår mitt liv
och hemkomsten
blir lika självklar
som när fågeln
finner platsen
där den lärde sig flyga

RAVINEN I FORSAKAR

Stigen är stening
gropig och smal
men den leder in
i en förtrollad sal
med skimrande
bladgrönt i takkupolen

och solguld som silar
genom himmelshålen
ner utmed väggar
av högresta bokar
längst ner i grytan
där Forsakarfallet kokar

just där vattenvirvlar
skummar och ryker
en vitbröstad
strömstare dyker
avtecknad i ljuset
som växlar och spelar
när vattenytan bryts
av nedfallna grenar

Och vinden leker
i bladverksgardinen
när bäcken väljer
sin väg i ravinen
och plöjer en fåra
av liv i dunkelt djup
när vattenspegeln
återger himmel och stup

Då stannar tiden
omsluten av det
djupa och höga
och bilden blir kvar
i betraktarens öga

LYCKA I MITT KÖK

Min älskade dotter
rinner in som en
otyglad vårbäck i mitt kök
Ditt porlande skratt
sopar undan alla hinder
i din väg och
du gör mig så lycklig

Vid köksbordet
gör vi upp med det
förstenade samhället
Alla orättvisor åker ut
med soporna
och maktbegäret
tömmer vi i slasken

Hela prylsamhället
ställer vi för
för öppet fönster
och det sopas bort
i vinddraget
och lämnar inget spår

Sedan lägger vi på en
rödrutig duk av kärlek
Vi slår upp te kryddat
med omtanke
och tänder ett ljus
som brinner för
hoppet och glädjen

Min älskade dotter
är åter på väg
men kvar i mitt kök
finns förtröstan och
nere på gatan
kan jag höra ditt skratt
när du vinkar åt mig
och du gör mig så lycklig

TONÅRING

Min älskade son
du gör saker
jag inte gillar
men jag gillar dig

Dina entrèer
sker med högsta växel
och din framfart
är kantad
med gymnastikskor
jeans och gamla bildelar

Ditt långa hår
och dina långa ben
dansar en
osynkroniserad
virveldans med min
förfärade medelmåtta

Du angriper livet
och trycker
på alla knappar
för att utröna effekten
Jag går ut i köket
inväntar smällen

Du visar ingen
respekt för
överheten
men ömsinthet
mot en mask
och mina förmaningar
fastnar i halsen

Du drömmer
om din V8
medan jag pratar
om blyförgiftning
och energislöseri
Allt som jag motarbetar
har du redan prövat

Men i skarven
mellan judo och
snabba bilar
gör du halt
vid mitt köksbord
och läser en dikt
du skrivit åt din flicka

Då förstår jag
varför jag gillar dig
min älskade son

ATT ÄGA
MINNEN

RÖTTER

Ogräs kan
vara ögonljus
som gamla
vänner
i nya hus

Båda har
förmågan
att vara kvar

MINNEN

Samma händelser
ger olika bilder
i våra minnen
färgade av de tankar
som uppstått i stunden

Barndomsminnen
blir ofta olika
berättelser
av barn som sovit
i samma utdragssoffa

GOD MORGON GÅRDEN

Mina minnen
tassar på bara fötter
över salens breda
vita golvtiljor
försiktigt in i förmaket
rundar klaffen
på sekretären
med spännande
lönnfack och lådor

Vidare genom
storstugan
längs de långa
glada trasmattorna
passerar kakelugnen
med S:t Göran och draken

Öppnar dörren
till köket
och kryper ner
i blå udragssoffan
för att nyfiket följa
morgonbestyren

Lyssnar till slamret
från spiselringarna
och förtroligheten
mellan mor och
jungfrun Anni
medan Ola på
vedlåren tåligt
inväntar morgonsupen

Trätofflor i farstun
när far och
drängen Herman
hänger av sig stallukten
och kommer in till
frukostbordets
korv och kavring

Medan solsickebuketten
i vita porslinskannan
ger naturlig balans
mellan skönhetsvärde
och nyttans
självklara värde

Betydelsen och lyskraften
hos människorna
och föremålen
gör att mina minnen
vilar tryggt och varmt
i blå utdragssoffan

FJÄRILAR och FANTASI

Min mor hette
Margit Maria
Hon hade en
gul klänning
med fjärilar på
när hon var riktigt fin
Hon var min sago fe
som förtrollade allt
hon rörde vid

Från trädgården
hämtade hon in
sommarens alla färger
och förvandlade
vårt stengolvet kök
svarta järnspisen kök
och vattenpumpen
mitt på golvet kök

Det blev till ett
solsickekök
när hon satte in
orange och gula solar
i vita kannan i fönstret
som vätte mot
kullerstensgården

Vävstolens dunk
blev till harmoni
när mors lätta
fjärilshänder
vävde in sommarens
alla färger i trasmattorna
så de kunde lysa
långa vinterkvällarna
på vita trägolvet
framför kakelugnen

Där vi stoppade strumpor
och lärde oss
multiplikationstabellen
fantiserade och
skrattade tillsammans
Mor förstod att den
befriande fantasin
behövdes för att
klara hostan och den
hårda verkligheten

När kampen kom
satte hon kritorna
i våra händer
och vi målade kläder
åt våra pappersdockor
så vi hörde inte hostan
och märkte inte
hennes livskamp

Men den gula citronfjärilen
fladdrade i hennes bröst
som fångad i ett
vinterfönster på vinden
En natt förlorade
hon kampen
och vi vaknade till
en kall höstmorgon

Länge var det tyst
och färglöst
i vår värld
tills vi förstod
att vi själva kunde
finna färgerna
och fantasin
hon lärt oss upptäcka

ALLTID PÅ VÄG

Min far Gunnar
kom ridande
över Yngsjö ängar
när han friade
till banmästarens
dotter Margit
i Degeberga by

Far var visionären
och mor delade
hans drömmar
och skapande
den korta tid
de fick tillsammans

Han tog strid
för kulturarvet
och för landsbygdens
överlevnad
i bondens kamp
mot byråkraterna

Pennan var
hans vapen
och han kryddade
sina krönikor
med satir och
avväpnande humor

Han låg alltid
steget före
gick i Linnes fotspår
Skåne runt och
noterade landskapets
förändring

Blev beklämd
över resultatet
och beskrev
astronauterna
på Söderslätt utan
kontakt med jorden

Han var filosofen
som ständigt
jagade kunskap
ur historien
att användas i
nutid som vägvisare

Han lyckades
alltid få till det
intressanta samtalet
med människor
som hade något
att berätta

Möten med människor
var hans paradgren
hög som låg var
oväsentligt
Var det
biskopen i Lund
eller bonden i
Tornedalen
spelade ingen roll
han tog tåget

Men kärleken
till SJ var obesvarad
Tågnedläggningen
på Österlen
blev hans
sista utmaning

Efter många turer
I byråkratins
villospår
ställde far
en enkel fråga
vad kostar tåget

Köpte så gruppbiljett
med lokförare
och stins
allt i ett
för sparpengen
Stinsen flaggade
folket hurrade
och steg ombord
med kaffekorg
och dragspel

Det blev hans
triumf resa
med hela pressen
på perrongen
och löpsedlarna
med den åldrige
opinionsbildaren

Nu rullar tågen
på Österlen
och allt är
historia
och i fars anda
en rolig historia

Arvet efter far
var inte materiellt
det var så mycket
rikare

SMÅ SMULOR

IAKTTAGELSER

Havet saknar egen färg
speglar himlen endast
som vår självbild skapas
av livets alla möten

SMÅTT OCH STORT

Fjällvidden
blir storslagen
av en röd toppluva

Huvudrollen
blir magnifik
framför statisterna

Skapelsen
förverkligas
av små grå celler

VILJA VARA

Våga visa varsamhet
och du vinner vänner
Minska misstrons makt
och du frigör möten
Kasta kalla krav
och du känner kärlek

Beundra barnet blick
och du ser betydelsen
Eftersträva det enkla
och du finner storheten
Lär dig lyssnande leva
och du blir aldrig likgiltig

VÅGA

Det finns en vinning
och en vällust
i att våga

Våga vara rädd
och du visar mod

Våga vara svag
och du visar styrka

Våga stå på torget
och gråta och du är
en lycklig människa

MÅNGA ORD

För många ord är
som ett slagregn
på ett plåttak
Väsnas mycket
en kort stund
men rinner bort
försvinner och
lämnar inget spår

HJÄLTARNA

Historien ger
oss hjältarnas galleri
men inte deras
galenskap och tyranni
Men om
offren skrev historia
skulle vi sluta putsa
på denna hjältegloria

ÅTERKOMSTEN

Har ingen biljett
ändå på första parkett

Trots att det är
en repris
blir jag hänförd
på samma vis

Varje år
när det blir vår

INTE TID

Då hade jag inte tid
att lyssna på barnen
och baka bullar

Nu har jag denna tid
men då har barnen
fullt upp med
att inte ha tid

Så nu sitter jag här
med all denna tid
och nybakade bullar

LÄNGTAN

Jag längtar havet
där dina vågor
rullar in
och möter min
solvarma sand

som bildar gropar
där mina tankar
vilar och
vaggas till ro
av din röst

Längtar bränningar
där våra utmaningar
möts och flyter ut
i solblänket
mot horisonten

ETT MÖTE

Vi möttes sent i livet
ett möte utan krav
allt vi tänkt och skrivit
redan blivit av

Vi lade ingen bromskloss
på våra öppna sinnen
och delade med oss
av alla våra minnen

Vi redan lärt oss förstå
att inte ta något för givet
det blev så enkelt då
att mötas sent i livet

FÅNGA KÄRLEKEN

Kärlek är som en boll
för att fånga den
behövs öppna händer

För att ge tillbaks den
behövs ett öppet sinne

BEHÅLL KÄRLEKEN

Som allemansrätten
skall kärleken
varsamt brukas
utan ägare
tillgänglig
och i frihet
växa gränslöst
och mogna
fruktsamt

SITTER VACKERT

Sitter vackert
för en sockerbit
tills du upptäcker
att du drabbats
av fetma
och benskörhet

LÄRA LEVA

Dagen blir kort
när vi styckar
den i bitar

Natten blir lång
när vi fyller den
med dagen

Livet är förbi
när vi lärt oss
att leva

Den som är nyfiken
är bra på att
förstöra statistiken

¤¤¤¤¤

Murar är till för rädda
ett värn mot det
icke skedda

¤¤¤¤¤

Mellanrumsformerna
skapar bilden
som vardagens grå toner
gör de ljusa ögonblicken
tydliga

¤¤¤¤¤

En planta i jorden
är mera än orden
om stora skogar

Efter sjuttio
går tiden fortare
Då blir betänketiden
kortare

¤¤¤¤¤

När man blir gammal
går tiden fortare
än fötterna

¤¤¤¤¤

Man lär av erfarenheterna
och kan leva ett bra liv
när man gjort det

PRELUDIUM

Döden som mållinje
gör vägen viktig
där varje korsning
är ett val av möjligheter

Brinnande går längtan
genom livet utan
att förintas
syresatt av hopp

Tankar av lust och liv
frigör fantasin
som blommar och
befruktar vardagen

Livets alla möten
bekräftar självbilden
oberoende av
sanningshalten

Vaggas slutligen till ro
med stillad nyfikenhet
helt omsluten
av ett levande liv